LEBENSFREUDE MEINER WELT

Wundertütenpoet

VON

TINA HÜSCH

DIE MÖGLICHKEITEN
VON POESIE UND FROHSINN

Bibliografische Information der Deutschen Nationalbibliothek: Die
Deutsche Nationalbibliothek verzeichnet diese Publikation in der
Deutschen Nationalbibliografie; detaillierte bibliografische Daten
sind im Internet über dnb.dnb.de abrufbar.

ISBN: 9783756219001

Herstellung und Verlag: BoD – Books on Demand, Norderstedt

ABOUT ME

Meine Seele ist süchtig nach Harmonie, Fröhlichkeit und Schokolade.
Sie ist mehr analog als digital und liebt das Geräusch von blätternden
Buchseiten und die Haptik von Papier.
Mein Sein kann aus einer kurzen Freude ein Kleinkinderglück
erträumen, um sich ganz darin zu verlieren.
So liebe ich es, aus dem Nichts meinen eigenen Freudentaumel zu
kreieren und in meiner Wundertütenwelt spazieren zu gehen, um
immer wieder neue Ideenfunken zu finden, aus denen ich ein Feuerwerk
entfachen kann.
Dadurch lebt die feste Überzeugung in mir, überall Freude finden zu
können, wenn ich nur nach ihr suche.
Komm mit und fang auch Du an, Ausschau zu halten nach den fröhlich-
freudigen Lebensseiten, damit Deine Seele lachen kann.

TINA

FÜR

DIE FREUDE

MEINES SEINS ...

Für alle,

die wissen,

dass man aus einer kleinen Hosentaschenfreude

das Glück des Lebens machen kann.

Für Dich,

weil Du verstanden hast,

dass die Freude im Leben

keine Frage des Schicksals,

sondern der Lebenseinstellung ist.

INHALT

EINBLICK, EINSICHT, ERKENNTNIS ...

Wenn in unserem Leben etwas essentiell ist, dann ist es die Freude, die wir an unserm Leben haben, denn ohne Freude wäre alles grau und wir könnten kein Glück empfinden.

So sollte es zu unseren größten Zielen im Leben gehören, immer mehr an Lebensfreude zu gewinnen, um das Leben in vollen Zügen genießen zu können. Denn wenn unsere Grundstimmung glücklich ist, sind wir auch in der Lage, unser Potential voll auszuschöpfen, und somit ist die Lebensfreude auch der Schlüssel zum Erfolg.

Je gefestigter wir in einer positiven Grundstimmung sind, umso weniger können uns Ärger, Sorgen und Streit verwackeln und zu Lebenskrisen führen, die uns die Freude nehmen.

Lebensfreude ist ein Gefühl, das in unserem Körper wohnt und diesen positiv auskleidet; es sorgt für Freude, Glück und Harmonie. Wir fühlen uns wohl und sind voller Tatendrang.

Wir empfinden das Leben als schön und lebendig, sind zu Späßen und Abenteuern aufgelegt, sind energiegeladen und dankbar für unser Sein.

Lebensfreude gibt uns Kraft und schenkt uns Zuversicht und die Hoffnung, aus allem das Beste zu machen.

So ist ein lebensfroher Mensch immer ein Mensch, in dem eine große Zufriedenheit wohnt.

Lebensfreude ist nicht nur in den großen Dingen, sondern sie ist auch ganz oft in den kleinen Dingen und Augenblicken zu Hause, die uns Tag täglich begegnen und es schaffen, ein Lächeln in unser Gesicht zu zaubern.

Doch wie entsteht sie eigentlich, die Lebensfreude, und warum haben einige Menschen so viel davon und bei anderen wiederum scheint gar keine Freude vorhanden zu sein?
Es liegt immer in unserem eigenen Blickwinkel auf unsere Lebensumstände und wie wir sie interpretieren. Wenn man das Schöne sehen möchte, wird man es finden, doch wenn man Schwarzmalerei betreiben möchte, dann wird einem auch das gelingen.
Die Grundeinstellung im Leben und zum Leben ist die Farbe und Melodie, die alles ausmacht. Wir selbst entscheiden darüber, ob wir eine fröhliche Melodie mit bunten Farben oder eher etwas in Moll mit gedeckten Farben wählen.
Wenn wir es schaffen, von innen heraus zu strahlen, werden wir die von uns ausgesandte Freude nicht nur ausstrahlen, sondern wir werden sie auch anziehen und dadurch immer mehr positive Energie in unser Leben ziehen, denn alles, was wir ausstrahlen, wird zu uns zurückkehren, leider gilt dies auch für Negativität.

So machen uns wiederum erreichte Lebensziele glücklich und erfüllen uns mit Freude und alles fühlt sich sinnhaft an.
Die Freude in unserem Leben hängt aber auch immer davon ab, wie wir uns selbst und unser Leben beurteilen und wie wir mit Stolpersteinen im Leben umgehen.
So scheinen Menschen mit einem sonnigen Gemüt diejenigen zu sein, die das Leben leichter leben als solche, die sich durch alles verängstigen lassen und aus dem Gleichgewicht geraten.

Es sind nie die Umstände in unserem Leben, die darüber entscheiden, wie glücklich oder auch unglücklich wir sind, sondern vielmehr ist es die Tatsache, wie wir auf unsere Lebensumstände reagieren und welche Macht wir z. B. anderen Menschen und negativen Situationen über uns geben. Somit ist immer der Mensch glücklicher und empfindet mehr Lebensfreude, der auch glaubt, dass er sein eigenes Glück in den Händen hält und alles lenken und steuern kann.

Ein jeder von uns ist ein Individuum und dadurch empfindet auch jeder Lebensfreude anders als der andere und verbindet mit dem Begriff der Lebensfreude eine andere Bedeutung.

Doch anbei ein paar Beispiele, die uns allen Freude bereiten und Glück verbreiten:

- In Gesellschaft mit guten Freunden sein
- Urlaub
- Eine glückliche Beziehung
- Ein Haustier
- Schöne Musik
- Gute Nachrichten

Diese Ereignisse schenken uns allen Freude und machen das Leben schön, so dass wir uns wohlfühlen und ein zufriedenes Glück in unserem Inneren verspüren.

Nur leider geht die Lebensfreude auch schon mal verloren, sie ist kein Dauerzustand in unserem Leben. Oft passiert so etwas durch einen Schicksalsschlag. Manchmal schleicht die Traurigkeit sich aber auch langsam fließend ins Leben, so wie wabernder Nebel, und alles wird von Tag zu Tag grauer und man hat den Eindruck, dass einem die Lebensenergie verloren geht.

Wichtig ist hierbei zu bedenken, dass wir es immer selbst in der Hand haben, unsere Lebensfreude am Leben zu erhalten. Sollte sie wirklich einmal abhandenkommen, wäre es gut, die ureigenen Fröhlichkeitsorte unserer Seele zu kennen, denn an ihnen können wir sie wiederfinden, unsere Freude. Es sind die Orte unserer schönen Erinnerungen und der erfüllten Wünsche und heimlichen Sehnsüchte. Sie sind immer ausgekleidet mit positiver Energie, und beim gedanklichen Spaziergang in ihnen laden wir uns automatisch wieder mit Lebensfreude, guter Laune und Hoffnung auf.

Versuch somit auch, in jedem Tag das Schöne zu erkennen und Dich von guten Gefühlen leiten zu lassen, denn gute Gefühle werden zu unseren Emotionen und diese gestalten unsere Laune und sind dadurch für unser gesamtes Seelenheil verantwortlich.

Denn immer dann, wenn schöne und positive Gefühle in uns leben, strahlen wir und sind glücklich, sie sind die Energie der Lebensfreude.

Streiche Hass, Ärger, Neid, Sorgen und Streit so gut es eben geht aus Deinem Leben heraus und versuche alles ins Positive zu lenken

Bedenke hierbei immer, dass alle negativen Gedanken letztendlich nur Dein eigens Sein belasten und Dir und der gesamten Situation nicht zuträglich sind.

Wenn man die Lebensfreude auf Dauer einladen will, ein Teil des eigenen Lebens zu sein und zu bleiben, sollte man versuchen in der Gegenwart glücklich zu sein, die Vergangenheit loszulassen und keine Angst vor der Zukunft zu haben.

Es wäre gut, eine kindliche Neugier und Vorfreude zu entwickeln auf alles, was einem das Leben noch so bringen mag. So ist es für die Lebensfreude unabdingbar, dass die Gelassenheit, die Zufriedenheit und die Achtsamkeit im eigenen Leben ihren Stellenwert haben und dass man sie auch im größten Stress versucht nicht außer Acht zu lassen.

Dabei ist die Geduld, die man im Leben mit sich selbst entwickeln soll, ein großer Meilenstein und Garant dafür, dass die Lebensfreude zum dauerhaften Gast wird und gerne nicht nur zu Besuch bleibt, sondern einzieht.

Lass das **Glücksgefühl** in Dein Leben einziehen, und alle Sorgen fliehen.

G – lücklich
L – achen
Ü – berdurchschnittlich
C – harme
K – onsequent
S – tellenwert
G – arantie
E – rfolg
F – aszination
Ü – berzeugt
H – eiterkeit
L – ebendig

Wenn **glücklich** das **Lachen** mit **überdurchschnittlich** viel **Charme konsequent** im Leben seinen **Stellenwert** besitzt, wird mit **Garantie** der **Erfolg** durch **Faszination überzeugt**, die **Heiterkeit lebendig** werden zu lassen.

Wenn Du es so schaffst, mit Konsequenz der Freude in Deinem Leben ihren Platz zu geben, wird das Leben sich Dir von seiner wundervollen Seite zeigen und Dir täglich ein Lächeln schenken.

WUNDER DER LEBENSFREUDE

Wenn man die Lebensfreude weckt,
in jeder Ecke ein Wunder steckt.
So hat man das Glück in sich geweckt
und alle Träume sind perfekt.
Durch Freude, Hoffnung und Harmonie
entsteht die Lebensenergie,
die sich fröhlich Glücksgefühl nennt
und mit der Freude um die Wette rennt.
Hat man so zu sich selbst gefunden,
ist man mit allem Positiven verbunden,
freut sich über jeden neuen Tag,
und was dieser bringen mag.
Wenn man sich alles mit Lebensfreude wagt
und keinen Traum mehr vertagt,
dieser nach Erfüllung in der Wirklichkeit fragt.
So ist man nach neuen Wundern auf der Jagd
und hat ständig ein Hosentaschenglück parat.

Die Lebensfreude in uns ist so etwas wundervoll Herrliches, das in unserem Inneren lebt und unser Leben glücklich macht. Es ist ein großer Wunsch meiner Seele, dass jeder Mensch die pure Lebensfreude sein Eigen nennen kann und dadurch die Welt zu einem glücklichen Ort wird.

LASST UNS VON JETZT AN GLÜCKLICH SEIN,
DANN KOMMT GANZ VIEL LEBENSFREUDE IN UNSER SEIN.
LASST UNS ALLE KLEINEN GLÜCKE FINDEN,
DANN WIRD UNS DIE FRÖHLICHKEIT GELINGEN.
LASST UNS NACH DEM SCHÖNEN SUCHEN
UND ALLE TRAURIGKEIT VERFLUCHEN.

ERSTER STREICH ...

Wir sollten viel öfter einen **Mutausbruch** haben, damit
Des Lebens Wonne mit viel **Konfetti-Laune** das **Freudenlachen** der
Selbstliebe als **Das neue Ziel** erkennen kann.

So ist der **Funken meiner Phantasie Vogelfrei** und kann ein **Feuerwerk**
für **Des Lebens Süßigkeiten** entfachen.

Dann wird die Seele nie mehr **Untersommert** sein und in einem
Wunderlandmärchen leben.

MUTAUSBRUCH

Wir sollten viel öfter einen Mutausbruch haben,
nicht nach Regeln fragen,
sondern einfach machen für den Traum,
denn nur so entsteht die Wirklichkeit, man glaubt es kaum.
Mein Mutausbruch, mein Wirklichkeitstraum
für meiner Wunder Raum!

23

DES LEBENS WONNE

Die Wonne des Lebens ist die Kurzweil des Seins.
So bin ich in mir daheim.
Kann den Rausch der Kunst erleben,
durch meinen Idealismus im Glück streben,
das nenn ich ein vergnügtes Leben,
wenn Energie und Begeisterung sich ineinander verweben.
Dann ist der Einklang des Seins perfekt,
wenn schon morgens mein Lächeln die Freude erschreckt!

KONFETTI-LAUNE

Ein bisschen mehr Konfetti-Laune,
dann kann das Leben strahlen.
Man braucht ihn, diesen bunten Glitzer,
dann gibt's im Leben ganz viel bunte Spritzer.
So kommen der Sommer und der Sonnenschein
samt Freude mitten in mein Leben rein.

FREUDENLACHEN

Lachen mit Freunden,
keine Party versäumen,
zusammen die schönsten Träume träumen.
Das ist Lebensfreude pur,
komm Seele, sei nicht stur.
Gönn dir diese fröhliche Zeit
und sei für ein Freudenlachen bereit.

SELBSTLIEBE

Im Leben musst du dich selbst mögen,
denn nur so kannst du was bewegen.
Um deine Ziele zu erreichen,
müssen deine Selbstzweifel weichen.
Du brauchst mehr Selbstsicherheit für dein Gemüt,
damit dein Leben aufblüht.
Deshalb sei nie zu hart zu dir,
sei dir selbst die eigene Zier.
Denn dein Leben gehört nur dir.

DAS NEUE ZIEL

Du kannst nicht allen gefallen,
doch zum Wallen bringen
kannst du sie alle.
Mach dir daraus ein neues Ziel,
dann wird dir so schnell auch nichts zu viel.
Geh deine eigenen Wege, denn so kommst du voran
und dadurch auch im Leben an.

FUNKEN MEINER PHANTASIE

Neben mir sitzen ganz viele angefangene Wunder,
warten auf die Funken meiner Phantasie,
für die große Traumstrategie.
Wollen ausziehen und anfangen,
niemals mehr vor Sorge bangen,
fühlen sich endlich nicht mehr gefangen.
So haben sie meine Welt angehalten,
um den Frohsinn zu verwalten
und alle Glücke neu zu gestalten.

VOGELFREI

Das Lebensgeheimnis mit DU ansprechen,
aus der Führung alle Regeln brechen.
Sich an keine Gesetze halten
und den Sinn ganz neu gestalten.
So ein Lebensorigami falten
und das Pech von der Freude spalten,
so was nenn ich Lebensglück erhalten
und das Leben schön gestalten.

FEUERWERK

Lasst uns zum Mutmacher werden
und uns nicht mehr länger mit Angst gefährden.
Lasst uns Freude schenken,
ohne nur an Nachteile zu denken.
Lasst uns nach dem Schönen suchen
und alle Traurigkeit verfluchen.
So werden wir uns selbst zum Feuerwerk,
denn eigentlich ist es nicht schwer,
all das Wundervolle zu erblicken,
es muss nur im Oberstübchen klicken.

DES LEBENS SÜSSIGKEITEN

Seifenblasen, Zuckerstreusel und Schokokeks,
ja, ich glaub, genau so geht's,
wenn ich sie täglich zu mir nehme,
wird's schon gehen.
Ein Stück von mir ist Kind geblieben,
hat alles Erwachsene vertrieben
und sich der Fröhlichkeit verschrieben,
so ist es am Leben geblieben
und bringt nun meine Seele zu den schönsten Zielen,
um dort mit ihr zu spielen.

UNTERSOMMERT

Was ist man so schnell doch untersommert,
untertanzt und leergelacht.
Da braucht man etwas, was neue Freude entfacht
und mit einem Leuchten in den Augen lacht.
Mit diesem Sommernachtstrauern bin ich tief im Winter aufgewacht
und in mir sind neue Lebenswünsche entfacht,
habe mir neue Ziele ausgedacht
und am Ofen mir Sommergedanken gemacht.

34

WUNDERLANDMÄRCHEN

Dort, wo alle Märchen wohnen,
werden sich die Wünsche lohnen.
Denn dort thronen kleine Elfen
und wollen dir so gerne helfen.
Sei einfach da und nimm sie wahr,
dann machen sie sich nicht mehr rar.
So will dein Leben mehr Märchen sein
und die Freude kommt hinein,
du fühlst dich nicht mehr allein
und bist überall daheim.
So schön kann nur das Leben sein.

ERKENNTNISSE DES ERSTEN STREICHS ...

IST Dein Mut erst untersommert, ist Dein Märchenland noch weit. Deshalb schreib hier Deine Besorgnisse nieder, dann kommen sie so schnell nicht wieder.

. . . .
. . . .
. . . .
. . . .
. . . .
. . . .
. . . .
. . . .
. . . .
. . . .
. . . .
. . . .
. . . .
. . . .
. . . .
. . . .
. . . .
. . . .
. . . .
. . . .
. . . .
. . . .

ZWEITER STREICH ...

Schenk Deinem Sein durch Lebensfreude viel öfter einen Mutausbruch, denn nur so können die Farben Deiner Phantasie wie ein Feuerwerk leuchten.

LASS INS LEBEN DIE FREUDE REIN, DANN WIRST DU IMMER FRÖHLICH SEIN!

Das Leben ist **Zu kurz ...** für ein **Brett vor dem Kopf**, drum lasst uns **Nach vorne schauen** und alle **Kriege killen**. So werden die **Gedankenfeinde** vergehen und das **Freudensüß** für die **Geistesfreude** bleiben.

Die **Leseprobe** wird zur **Lebensweisheit**, in der die **Lebensliebe** im **Freudenschein** den **Freudensieg** davonträgt.

ZU KURZ ...

Das Leben ist zu kurz für ein langes Gesicht,
zu kurz fürs Idealgewicht,
zu kurz für jemand, der nur in Regeln spricht.
Drum vergiss nicht, dein Leben, das ist jetzt,
drum fühl dich nicht gehetzt,
lass alles fallen, was dich verletzt,
sonst hast du am Ende aufs falsche Pferd gesetzt.
Lasst uns wieder zusammen träumen,
dann kann die Wirklichkeit uns nicht versäumen.
So werden unsere Träume Realität,
da wir sie haben ineinander gesät.

BRETT VOR DEM KOPF

Sei ungemütlich und willensstark,
sag auch mal nichts, wenn jemand fragt.
Beschreite deinen eignen Weg,
ist er auch ein schmaler Steg.
Und denke stets daran,
der krumme Baum hat seinen Spaß,
der gerade das ganz vergaß
und wurde zur Belohnung nur ein Brett,
da bleibe ich doch lieber mit Freude im Bett
und schenke den anderen das Brett für vor den Kopf,
damit vielleicht mal jemand klopft!

NACH VORNE SCHAUEN

Lebensfreude soll erstrahlen,
Lebensfreude muss man haben.
Lebensfreude wird es geben,
so ist es mit dem Leben eben.
Man muss nur in die richtige Richtung schauen,
dann werden sich die Wunder von alleine bauen.
Das bedeutet Glauben und Selbstvertrauen,
einfach nur positiv nach vorne schauen!

KRIEGE KILLEN

Ich möchte mal wieder einen Mutausbruch haben
und keinen nach seiner Meinung fragen.
Denn dann habe ich das Sagen
für der Welten offene Fragen.
Keiner braucht mehr Angst zu haben
oder irgendwas ertragen.
Werde alle Kriege killen
und die offenen Wünsche stillen.
Werde den Weltfrieden freilassen
und kein Lachen mehr verpassen.
Werde den Hunger von der Erde vertreiben
und in der Glückseligkeit verweilen.
So schreib ich ständig neue Zeilen
und werde meine Lebensfreude mit euch teilen.

GEDANKENFEINDE

Die größten Feinde des Menschen
sind seine negativen Gedanken,
denn sie bilden vom Kopf aus Schranken
und bringen alle Träume zum Wanken.
Deshalb hier meine Melodie:
Tauscht das EIN gegen ein REU und aus den Feinden wird Freude,
als ob´s nichts andres bräuchte.
Also weg mit der Seuche,
haltet eure Gedanken rein,
denn das wird irgendwann eure Rettung sein!

45

FREUDENSÜSS

Die größte Freude entsteht in dir,
wenn du einem anderen Freude schenkst
und dieses Geheimnis für dich erkennst,
denn dann kannst du von ihm zehren lange Zeit
und bist als Wunder selbst bereit
für die Lebensfreude in der Zeit.
So gib deiner Seele Geleit,
denn mit dieser Erkenntnis ist es nicht mehr weit.

GEISTESFREUDE

Meiner Freuden Lust ist das Lachen meiner Seele.
Die Heiterkeit meiner Zufriedenheit,
die das Glück mit meinem Herzen teilt,
so ist die Euphorie der Schwung für meine Seligkeit,
die als Glut in meinem Geiste weilt
und von dort aus alles Negative vertreibt.

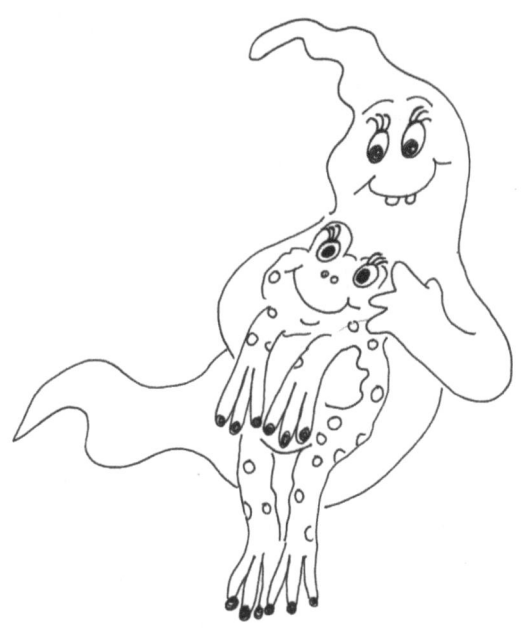

LEBENSPROBE

Probier doch mal dein Leben an,
mach's jetzt und nicht erst irgendwann.
Schau, ob es nicht drückt und ziept
und auch kein Hochwasser kriegt.
Schau mal in den Spiegel rein
und gib dich nicht mehr so klein.
Du musst doch nur dir gefallen,
so kannst du vor Freude in deinem Leben knallen,
sollen die anderen doch vor Ärger wallen,
denn keinem muss dein Sein gefallen,
sag das bitte allen!
Dann kann's auf dieser Erde vor Freude so richtig knallen.

LEBENSWEISHEIT

Auch wenn dir was im Leben fehlt,
lass es das Leben niemals merken,
versuch es stets vor ihm zu verbergen,
denn dann kommt es gar nicht drauf
und ist stattdessen nur gut drauf.
Kann so all die kleinen Glücke genießen,
die zusammen zu den großen Wundern fließen.

LEBENSLIEBE

Um glücklich zu sein, muss die Seele lieben,
denn sonst ist sie ganz allein.
Um Lebensfreude zu verschenken,
muss man seine Schritte auf den Weg der Liebe lenken
und aufhören, an Enttäuschungen zu denken.
So kann man alles zum Wundervollen wenden,
man muss nur die Liebe in der Welt erkennen,
dann kann man alles Böse abwenden,
so steht es schon in alten Liebesbänden.
Lasst uns einander alle mit Liebe bedenken,
dann wird das Blatt sich wenden.

FREUDENSCHEIN

Lebensfreude lässt die Sonne im Herzen scheinen,
mit Lebensfreude im Herzen muss keiner mehr weinen.
So lasst uns einander Freude schenken,
um jedes Unheil abzuwenden.

FREUDENSIEG

Liebe, was du tust,
und tu, was du liebst,
damit die Freude im Leben siegt,
die Wolken an dir vorüberziehen,
und alle Sorgen fliehen,
damit das Himmelblau überall sein kann.
Fang heute mit diesem neuen Anfang an.
Mach dich an das Glücklichsein ran.
Dann kommst du bei den Zielen deines Lebens an.

ERKENNTNISSE DES ZWEITEN STREICHS ...

WO hast Du in Deinem Leben das berühmte „Brett vor dem Kopf" und willst offensichtlich nichts erkennen?

Hilf Deiner Seele, das Augenscheinliche zu sehen, dann kannst Du es hier benennen und von nun an nur noch Freude kennen.

....

....

....

....

....

....

....

....

....

....

....

....

....

....

....

....

....

....

54

55

DRITTER STREICH ...

Ohne Brett vor dem Kopf erkennt man leichter, wo des Lebens Freuden wohnen, deshalb versuche stets einen klaren Blick zu behalten.

LASS DEINE FREUDE ALLE KRIEGE KILLEN, DENN DAS WIRD DIE ANGST IM LEBEN STILLEN!

Frag nicht nach **Mehr Meer** und **Sternenwelt**, sondern genieße den **Seelentanz** Deines **Selbst**.

Erkenne so das **Glitzerdenkmal** Deines **Traumtänzers** im **Flug der Phantasie**.

Dadurch wirst Du die **7 Phasen** Deiner Lebensfreude **Kennenlernen** und ihr **Lichterleuchten** wird Dir helfen, den **Kopf hoch**zuhalten für immer!

FRAGE NICHT

Richte dich nur nach deinen eigenen Maßstäben,
frage nicht, was die anderen sagen,
denn sie müssen nicht die Last deines Lebens tragen.
Mach dich innerlich ganz leicht,
damit die Freude kommt und für ein Leben reicht
und das harte Regelwerk von dir weicht.

MEHR MEER

Von einem Tag am Meer,
da braucht man mehr.
Kann man sich doch mit Kleinkinderglück betanken
und leben ohne Schranken.
Da kitzelt einen die Sonne auf der Haut
und Ideen werden laut.
Da lacht die Phantasie
und schenkt viel Energie.
So wünsche ich mir eine Kopie,
mit deren Magie
ich den Tag am Meer immer wieder auferstehen lassen kann,
dadurch hält mich der Strand im Bann
und ist meines Lebens Abspann.

STERNENWELT

Die Welt wird immer dem gehören,
der sie genießt
und mit ihr vor Freude überfließt.
Die Welt wird dem gehören, der in ihr wohnt,
für den es sich zu schenken lohnt.
Die Freude, die wir alle brauchen,
und gegenseitiges Vertrauen.
So wird die Welt zu unserem Stern
und so haben wir uns alle gern.

SEELENTANZ

Meine Seele will tanzen
und mein Geist ein Liedchen singen,
dann können die beiden schön zusammen schwingen
und einander viel Freude bringen.
Denn für die Fröhlichkeit, da brauchts nicht viel,
sie ist unser Lebensziel.

SELBST

Nach vorne schauen,
sich selbst vertrauen.
Das Schöne sehen,
sich selbst verstehen.
Die Wunder erkennen,
sie in sich selbst benennen.
Das Lachen lieben,
sich selbst besiegen
und immer neue Träume kriegen,
so lernt die Seele fliegen.

GLITZERDENKMAL

So zauber ich mein eigen Sein mit Konfetti und Glitzer
und hinterlass überall ein paar bunte Spritzer.
Sie werden dann mal mein Denkmal sein,
wenn ich schau vom Himmel ins Erdenleben rein.

TRAUMTÄNZER

Nur beim Träumen tankt deine Seele Kraft,
mit der sie dieses Leben schafft.
Denn das Leben ist zu kurz, seine Träume aufzuschieben,
denn dann können sie keine Wunder kriegen.
Lass immer die Träume in dir siegen,
dann musst du dich auch nicht verbiegen
und kannst dich auf Wolke sieben wiegen.

FLUG DER PHANTASIE

Hast du genügend Ideen im Kopf,
bleibt auch die Lebensfreude nicht aus.
Denn mit viel Phantasie vergeht die Freude nie.
Die Kreativität fühlt sich beflügelt
und liefert völlig ungezügelt
viele wundervolle Möglichkeiten, da muss das Sein sich nur beeilen,
eine nach der anderen Wirklichkeit werden zu lassen,
so ist Lebensfreude in allen Gassen,
nur die Pessimisten können es nicht fassen
und fühlen sich ganz verlassen.

7 PHASEN

Die 7 Phasen der Trauer gehören zur Lebensfreude dazu.
Denn nur so kann Neues entstehen
und man lernt die unbekannten Wege zu gehen.
Auch Wut entfaltet ein wichtiges Konzept,
denn ohne Wut wäre die Freude nicht komplett.
Alle Gefühle haben eine Farbe,
sie muss langsam verblassen, dann gibts auch keine Narben.
Deshalb freue dich immer, wenn du dich freuen kannst,
und fang einen neuen Anfang an.

KENNENLERNEN

Bedanke dich für die Steine, die man dir in den Weg legt.
Denn sonst wärst du zu schnell von dannen gefegt.
Sie gaben dir die Möglichkeit zu stolpern
und die Glücke zu erkennen.
Nur so lerntest du deine Möglichkeiten kennen.
Komm und hebe sie alle auf
und bau was Wunderschönes daraus!

LICHTERLEUCHTEN

Abends, wenn überall die Lichter leuchten,
kann ich in der anderen Leben sehen,
ihre Seelen voll verstehen.
Ihren Sinn für Kunst erkennen,
den Geschmack beim Namen nennen.
Schau überall in die hell erleuchteten Leben rein
und jeder hat sein eigenes Sein.
So bringt die Dunkelheit ans Licht,
was der Tag nicht ausspricht.

KOPF HOCH

Lebensfreude und Lebensenergie
sind die Zwillinge fürs große WIE.
Sie möchten, dass du deinen Kopf nach oben hebst,
so dass du durchs Leben schwebst.
Sie betrachten dich mit Freude und Energie,
so hast du immer ein WIE, und keine WARUM bringt dich mehr um.

ERKENNTNISSE DES DRITTEN STREICHS ...

WO ist die Tanzfläche Deines Traumtänzers und wie fühlt sich die größte Sehnsuchtsfreude Deines Lebens an?
Notiere sie hier, dann gehört sie bald zu Dir.

. . . .

. . . .

. . . .

. . . .

. . . .

. . . .

. . . .

. . . .

. . . .

. . . .

. . . .

. . . .

. . . .

. . . .

. . . .

. . . .

. . . .

. . . .

. . . .

. . . .
. . . .
. . . .
. . . .
. . . .
. . . .
. . . .
. . . .
. . . .
. . . .
. . . .
. . . .
. . . .
. . . .
. . . .
. . . .
. . . .
. . . .
. . . .
. . . .
. . . .

73

VIERTER STREICH ...

Schau tief in Dich hinein und erkenne, wie viel unendlich große Freude wirklich in Deiner Seele wohnt.

ERLEBE DAS GLÜCK IN DIR, DENN DAFÜR BIST DU HIER!

Wenn Dein **Schokoladentraum** das **Märchenschloss der Seele** erbaut, wird die **Lebensphilosophie Aus vollem Herzen Zu Hause** angekommen sein.

Deshalb **Lasst uns wieder ...** den **Schelm des Ichs** im **Lebensfluss** vor Freude überfließen, denn **Alles kann so einfach sein**, wenn **Der perfekte Tag** kommt und die **Lebensart** der eigenen Seele ihm entspricht.

SCHOKOLADENTRAUM

Lasst uns schmutzige Lieder singen
und damit Freude ins Leben bringen.
Den Tag mit Schokolade versüßen
und keine Kalorien büßen.
Lasst und die Sonne genießen
und vor Glück überfließen.
So werden aus unseren Träumen die Wunder sprießen,
können der Trübsal die Tür verschließen
und brauchen die Traurigkeit nicht zu erschießen,
da wir nämlich die Freude freiließen.

MÄRCHENSCHLOSS
DER SEELE

Ein Augenblick voller Glück
gibt dir den Lebensmut zurück.
Lass dich nicht vom Alltag überrennen
und von deiner Freude trennen.
Sieh stets das Schöne in den Dingen,
dann kannst du auch dem großen Durcheinander ein Märchen-
schloss abgewinnen.
Selbst wenn die andren denken, du wärst am Spinnen,
wird dir so der Lebensfrohsinn stets gelingen
und du kannst es zu was bringen.
Du musst nur deine Seele für dich selbst gewinnen.

LEBENSPHILOSOPHIE

Mehr Zeit für Dinge, die einen glücklich machen,
mehr Platz für ein paar verrückte Sachen.
So können die Träume erwachen
und das Leben wird zur schönsten Melodie
für deine neue Lebensphilosophie.

AUS VOLLEM HERZEN

Jeder braucht eine Sehnsucht,
die ihm guttut.
Etwas mit viel Glitzer und Sahne
für des Lebens Fahne.
Also plane
ein Leben aus vollem Herzen,
mit vielen bunten Scherzen.
Entzünde alle Kerzen,
dann wird das Leben nie schmerzen.

ZU HAUSE

Ich bin überall zu Hause,
solange ich bei mir bin.
Hab gelernt, auf mich aufzupassen
und den Durchschnitt zu verlassen.
In meiner eignen Welt zu leben
und nicht lang zu überlegen.
So bin ich immer nur gut drauf
und nenn die Welt: mein Zuhaus.

LASST UNS WIEDER ...

Lasst uns wieder in Pfützen springen,
wieder freche Lieder singen,
an der Losbude mit nur einem Los gewinnen.
Lasst uns wieder übermütig sein
und ungestüm hüpfen auf nur einem Bein.
Lasst uns wieder mit Kekskrümeln im Mund laut jubeln,
auf Bäume klettern und im Wald schlafen,
dann bekommen wir auch kein Herzrasen,
sind im Leben mittendrin
und für uns selbst der schönste Gewinn,
so hat das Leben den größten Sinn.

SCHELM DES ICHS

Mein Ich weiß, was es will,
so kommt es an sein Ziel.
Mein Ich ist ein kleiner Schelm,
braucht zum Schutz gar keinen Helm
für das Köpfchen aus Basalt,
denn es kommt aus dem Westerwald.
So wird ihm in der Stadt nie kalt,
doch da gibt's zu viel Asphalt.
Deshalb will es schon ganz bald nach Haus,
denn da hat's Rückhalt
in der Westerwälder Vielfalt
und kommt alsbald ans Ziel,
denn das ist seines Lebens Spiel!

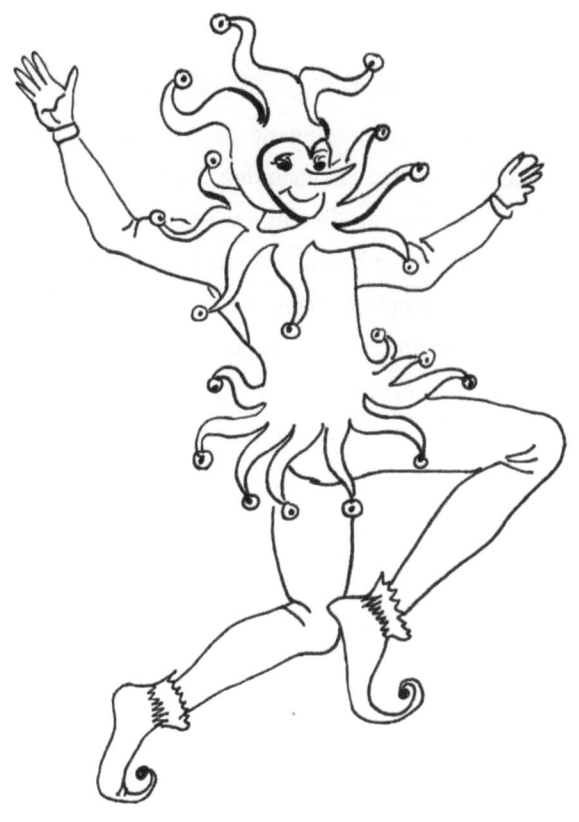

LEBENSFLUSS

Sich jeden Tag über etwas freuen,
ohne das Vergangene zu bereuen.
Bei jeder Gelegenheit nach den Sternen greifen,
sie sehen, die kleinen Zeichen,
die einen freundlich durch das Leben winken
und bei Chancen zuzwinkern.
So kommt das Leben in Fluss
und man hat nie den Eindruck
von „man muss" ...

ALLES KANN
SO EINFACH SEIN

Kennst du den Zweck deines Lebens?
Denn ohne ihn ist es vergebens.
Ich rate dir:
Lass es die Freude sein,
dann kommt kein Missmut mehr hinein
und alles kann so einfach sein,
wenn du bist mit Freude in deinem Leben daheim.

DER PERFEKTE TAG

Der perfekte Tag wird von meinem Sein gemacht,
den perfekten Tag gibt's nur durch mich,
so ist es meine Seele, die da spricht.
Der perfekte Tag existiert in meinem Kopf
und ist somit eine Erfindung von meinem Schopf.

LEBENSART

Um im Leben wirklich glücklich zu sein,
muss man gegen sich selbst antreten,
denn nur dann kann man es auch gegen jeden.
So kann man sein Leben selbst gestalten,
anstatt es einfach nur zu verwalten!

ERKENNTNISSE DES VIERTEN STREICHS ...

KREIERE die Freude Deiner eigenen Lebensart, dann hat das Leben immer ein Lachen parat.

Schreibe hier Deine größten Freuden nieder, dann kommen sie von nun an immer wieder.

....
....
....
....
....
....
....
....
....
....
....
....
....
....
....
....
....
....
....

. . . .
. . . .
. . . .
. . . .
. . . .
. . . .
. . . .
. . . .
. . . .
. . . .
. . . .
. . . .
. . . .
. . . .
. . . .
. . . .
. . . .
. . . .
. . . .
. . . .
. . . .
. . . .
. . . .
. . . .

SCHLUSSHOFFNUNG

Ich hoffe,
dass meine Buchstaben sowie meine Worte
und Zeilen die Lebensfreude in Dein Leben gebracht
haben und Du erkannt hast,
dass der wahre Sinn des Lebens darin liegt,
glücklich zu sein.
Lebensfreude sollte zur Grundstimmung Deiner Seele
werden und Du eine Freudenparty entfachen.
Es ist mein Wunsch für Dich,
dass niemand mehr Deine Lebensfreude trüben wird.
Sei immer fröhlich und voller guter Laune.
Bis bald,
im Land meiner Traumphantasie.

Wundertütenpoet

Besuche mich auf

www.wundertuetenpoet.de